Selbstbewusstsein

Der Weg zum erfolgreichen Ich

Meine Empfehlung für Deinen Erfolg:

Klicke hierfür kostenlos auf den nachfolgenden Link

https://goo.gl/zwbX4u

Inhaltsverzeichnis

Kapitel 13: Übung 11 - Schaue von anderen Personen ab

Haftungsausschluss

Kapitel 1
Selbstbewusstsein:
Ein wichtiger Begleiter im Leben

Selbstbewusstsein und Selbstvertrauen sind Begriffe, die uns überall begegnen. Regelmäßig hören wir, dass wir diese Eigenschaften in einem gesunden Maße ausgeprägt haben müssen, um im Leben erfolgreich und glücklich zu sein. Eine genaue Vorstellung, wie man tatsächlich zu einer selbstbewussteren Person wird und dies dann zur Schau stellt, fehlt allerdings häufig.

Daher ist es nicht verwunderlich, dass viele Menschen Probleme damit haben, diese Eigenschaften auszuleben und zu einem festen Bestandteil ihrer Persönlichkeit zu machen.

Wenn in Verbindung mit den genannten Begriffen von „Erfolg" und „Glücklichsein" gesprochen wird, erscheinen uns die versprochenen Wirkungen allerdings häufig abstrakt. Bin ich nicht bereits glücklich? Und wird mir eine Änderung meines Auftretens wirklich mehr Erfolg bringen?

Zu Beginn dieses Buches möchte ich Dir vor Augen führen, warum es absolut notwendig ist, dass Du im Beruf, Deinem Privatleben und, ganz allgemein, Deinem Alltag ein selbstbewusstes Auftreten pflegen solltest. Auch wenn der Ausdruck „pflegen" zuerst den Eindruck erweckt, es würde sich hierbei um einen mühsamen Prozess handeln, kann ich Dich beruhigen. Hast Du erst einmal meine Tipps berücksichtigt, wirst Du merken, dass ein gesundes Selbstvertrauen wie von selbst zu einem Teil Deiner Persönlichkeit wird.

Doch zurück zum Anfang: Warum lohnt es sich überhaupt, dieses Buch zu lesen, meine Tipps umzusetzen und letztendlich zu einer selbstbewussteren Person zu werden? Anhand einiger Beispiele werde ich Dir exakt dies verdeutlichen.

Personen, denen man einen Mangel an Selbstbewusstsein anmerkt, werden häufig ausgenutzt und müssen eine schlechtere Behandlung als andere Menschen über sich ergehen lassen. Das ist im Berufsleben häufig am deutlichsten sichtbar. Denke an Deine eigene Arbeit oder an Geschichten, die Du von Deinen

Arbeitskollegen oder Freunden gehört hast und Du wirst genau das nachvollziehen können. In Verhandlungsgesprächen mit dem Chef, sonstigen Vorgesetzten oder gleichgestellten Kollegen kann man nur Erfolg haben, wenn man seinen Standpunkt selbstbewusst und überzeugt vorträgt.

Ob es nun um eine Gehaltserhöhung, den nächsten Urlaub oder eine bessere Verteilung von Arbeitszeiten geht:

Wer zimperlich und ängstlich auftritt, wird keine Chance haben, seine Interessen durchzusetzen.

Anders sieht das bei selbstbewussten Charakteren aus. Sie zeigen alleine durch ihr starkes Auftreten, wo ihre Stärken liegen. Dadurch werden sie für die Firma unverzichtbar und schaffen es somit ihre Vorschläge und Wünsche umzusetzen.

Ähnlich sieht es im Privatleben aus. Wenn Du voller Selbstvertrauen mit einer Person sprichst, hinterlässt Du meist einen besseren Eindruck. Leider sorgt ein Mangel an Selbstbewusstsein aber auch dafür, dass es gar nicht erst zu solchen

Situation kommt, da es eine gewisse mentale Stärke verlangt, um eine fremde Person überhaupt anzusprechen.

Wer eine tolle Frau oder einen tollen Mann sieht und diese Person ansprechen möchte, bedarf ein Mindestmaß an Selbstvertrauen. Egal ob es dabei um die Suche nach einem Partner oder nach Freunden geht.

Ebenso gibt es haufenweise kleine, oft unscheinbar wirkende Beispiele aus dem Alltag. Eine Fahrkartenkontrolle wird schneller vorbei sein, wenn Du selbstbewusst und höflich auftrittst. Wenn Du einmal zu wenig Wechselgeld erhältst und dies voller Selbstvertrauen reklamierst, wird Dir sofort geglaubt. Es sind diese vielen kleinen Eindrücke aus dem Alltag, die sich in der Masse allerdings summieren.

Ich habe nun anhand dieser kleinen Exempel erklärt, in welchen Situationen Dir selbstbewusstes Auftreten helfen kann.

Außerdem sind die Kapitel dieses Buches mit weiteren Beispielen und konkreten

Handlungsbeispielen gespickt, die Dir das Vorgehen in gewissen Situationen näherbringen.

Die Mitte macht's:
Zwischen Selbstvertrauen und Arroganz

Während ein Mangel an Selbstbewusstsein häufig unangenehme Folgen haben kann, gilt es natürlich zu beachten, dass man nicht den Boden unter den Füßen verliert und überheblich wird. Wie bei allen Dingen im Leben gilt die Formel:

Die Mitte macht's! Häufig wird ein starkes Auftreten von Menschen mit niedrigem Selbstwertgefühl als Arroganz abgestempelt und demnach verurteilt. Dabei ist die Unterscheidung zwischen den beiden Punkten oft gar nicht so kompliziert. Wenn Du darauf achtest selbstbewusst aufzutreten und dennoch die Meinung anderer zu respektieren und nicht von vornherein abzustempeln, wirst Du auf einem guten Weg sein, die goldene Mitte zu finden.

Teste Dein aktuelles Selbstbewusstsein

Im Internet habe ich einen kleinen „Selbstbewusstseins-Check" gefunden, den Du kostenlos machen kannst. Lege das Buch einmal kurz zur Seite und nimm Dir die Zeit, um die dort aufgeführten Fragen zu beantworten. Dann hast Du eine ungefähre Vorstellung, wie stark Dein Selbstbewusstsein bereits ausgebaut ist.

https://www.palverlag.de/selbstsicherheit-test.php

Kapitel 2
Ursachen für geringes
Selbstbewusstsein

Um erfolgreich mehr Selbstvertrauen „anzutrainieren", ist es enorm wichtig, die Gründe für den Mangel an Selbstbewusstsein überhaupt zu kennen. Denn nur wenn die Ursachen erfolgreich bekämpft werden, kannst Du Deine Persönlichkeit erfolgreich und langfristig ändern. Sich negative Erlebnisse nochmals bewusst zu machen, während man nach Ursachen forscht, kann zudem ein sehr befreiendes und gewinnbringendes Gefühl sein.

Einer der häufigsten Gründe, der dafür sorgt, dass Menschen über kein ausreichendes Selbstvertrauen verfügen, sind Misserfolge in der Vergangenheit. Die Art des Misserfolges spielt dabei gar keine allzu große Rolle. Wichtiger ist vielmehr, welche tiefe Spur dieses negative Ereignis bei uns hinterlassen hat und wie stark die Nachwirkung dieses Misserfolgs noch heute bei uns sitzt. Wer beispielsweise auf der Arbeit keinen Erfolg hatte, hat auch in der Zukunft mit hoher

Wahrscheinlichkeit mit mangelndem Selbstvertrauen zu kämpfen.

Neben vergangenen Misserfolgen können aber auch aktuelle Schicksalsschläge eine gravierende Rolle spielen. Eine harte Trennung, der Verlust von Angehörigen und Freunden oder Krankheit, haben häufig eine Abnahme des Selbstvertrauens zur Folge, da Betroffene das Gefühl haben, ihre Probleme nicht bewältigen zu können.

Neben diesem Buch als Hilfestellung sind besonders bei diesen schweren Schicksalsschlägen Gespräche mit Vertrauten oder falls nötig sogar mit Psychologen erste Anlaufwege, um diese schwierige Phase erfolgreich zu überstehen. Das braucht auch niemanden peinlich sein.

Das gleiche Vorgehen wird vorgeschlagen, wenn Du unter einem Mangel an Selbstbewusstsein leidest und den Hintergrund hierfür in psychischen Problemen siehst. Diese zusammen mit Experten einzudämmen oder zu überwinden sind häufig die einzige, aber definitiv die beste Methode, um wieder ein glückliches Leben mit einer starken Persönlichkeit zu führen.

Zudem gibt es zwei Faktoren, die größtenteils durch die Arbeit und das dazugehörige Team hervorgerufen werden. Der wohl bekannteste Grund ist das – leider weit verbreitete – Mobbing am Arbeitsplatz. Hierbei werden Betroffene von ihren Kollegen mit andauernder Verbreitung von Gerüchten, Hänseleien in Form von Sprüchen und ständigem Niedermachen konfrontiert.

Was häufig für Außenstehende nicht schlimm wirkt, nimmt dabei Formen an, die die Betroffenen massiv innerlich schädigen. Ein Verlust des Selbstbewusstseins ist hierbei keine seltene Folge. Das Andauern der Schikanen, die häufig von einer ganzen Gruppe stammt, greift die Psyche des Opfers nämlich häufig tiefer an, als es sich die Täter jemals vorstellen können.

Am Arbeitsplatz lassen sich zudem weitere negative äußere Einflüsse feststellen, die häufig allerdings ungewollt sind und nicht auf dem aggressiven Auftreten einzelner Personen beruhen. Sei es ein kompletter Mangel an Motivation im Team oder eine ständig angespannte Atmosphäre. Wer in einem Büro arbeitet, in dem eine negative

Stimmung herrscht, verliert häufig selbst die Motivation weiterzuarbeiten. Der Teufelskreis schließt sich und sorgt zudem dafür, dass es Betroffenen schwer fällt, einen Sinn hinter ihrer Tätigkeit zu sehen. Der Verlust des Selbstvertrauens kann eintreten, wenn diese Umstände (insbesondere das Gefühl der „Sinnlosigkeit" in der Arbeit) gegeben sind.

Wie ich bereits zu Beginn dieses Kapitels erklärt habe, müssen wir uns die Ursachen anschauen, bevor wir fehlendes Selbstvertrauen angehen. Wenn Du einzelne Ursachen nachvollziehen kannst und sie als Grund für dein fehlendes Selbstbewusstsein siehst, weißt Du bereits jetzt, was Du um Dich herum verändern kannst.

Im folgenden Teil zeige ich Dir, mit welchen Tipps oder Übungen Du eine selbstbewusstere Person werden kannst.

Kapitel 3
Übung 1:
Visualisiere Dein Glück

Die erste Übung dient dazu, Dir aufzuzeigen, dass es in Deinem Leben viele Aspekte gibt, die Dir Grund genug geben, glücklich zu sein. Bist Du nämlich erst glücklich und mit einem gesunden Bewusstsein für die positiven Dinge um Dich herum ausgestattet, wird es Dir leichter fallen, selbstbewusst zu sein und stark aufzutreten.

Hierfür eignet sich die „Visualisierung Deines Glückes". Was erst einmal sehr abstrakt klingt, ist letztendlich eine Art Gedankensammlung oder „Mind Map" mit der Du notieren kannst, was in Deinem Leben gut läuft. Dies können Aspekte wie die eigene Gesundheit, eine tolle Familie, der Freundeskreis oder auch alles andere (wenn auch noch so banale Aspekte) sein. Hauptsache Du führst in der Mind Map auf, was dich glücklich macht oder wofür Du dankbar bist. Wichtig ist, dass Du (noch) keine Erfolge oder Ziele notierst, denn dazu erzähle ich Dir später mehr.

Versuche zudem auch Punkte zu notieren, die für einen fremden Leser vielleicht banal klingen würden. Solange Du aufschreibst was dich glücklich macht, gibt es nur richtige Antworten. Ob das jetzt das Zeitverbringen mit Deinem Partner oder Fernsehschauen ist, ist vollkommen egal.

Bei dieser Übung geht es lediglich darum, herauszufinden was Dich glücklich macht und wovon Du vielleicht mehr in Deinem Leben brauchst. Ein gesundes Selbstwertgefühl und eine positive Sicht auf das eigene Leben ist absolut notwendig, um selbstbewusst leben und auftreten zu können.

Obwohl es bei dieser Übung lediglich um positive Aspekte geht, kannst Du auch Punkte aufführen, die Dich zwar glücklich machen, allerdings mit einer negativen Tatsache verknüpft sind. Ein Beispiel hierfür wäre Folgendes:

Wenn Du glücklich darüber bist, dass Du keine finanziellen Sorgen hast, weil Du einen gutbezahlten Beruf hast, dieser Dir aber keinen Spaß macht, kannst Du das bei dieser Übung exakt so notieren. Aus diesem Stichpunkt heraus lassen sich Ziele ableiten, auf die ich im nächsten Kapitel genauer eingehe.

Kapitel 4
Übung 2:
Setze Dir Ziele

Mit Hilfe der letzten Übung hast du feststellen können, was in Deinem Leben gut läuft und wofür Du dankbar sein kannst. Der letzte Punkt, den ich angeführt hatte (Aspekte, die Dich zwar glücklich machen, allerdings mit einer negativen Tatsache verknüpft sind), eignet sich perfekt, um mit der Sammlung deiner Ziele zu beginnen.

In dem verwendeten Beispiel ging es um den gutbezahlten Beruf, der allerdings wenig erfüllend ist. Wenn man hieraus ein Ziel ableiten möchte, könnte dies ganz banal lauten: Einen gutbezahlten Beruf zu finden, der zusätzlich noch Spaß macht. Das klingt jetzt erstmal sehr leicht und logisch. Bei diesem Beispiel ist die Folgerung natürlich leicht zu erblicken.

Dennoch solltest Du wissen, dass es häufig zu Situationen kommt, in denen noch so banale Ziele aus den Augen verloren werden. Wenn Du Dir erstmal klar gemacht hast, was Du erreichen und verändern willst, kannst Du viel selbstbewusster auftreten.

Dies hast Du bestimmt auch schon einmal erlebt. Selbstbewusste Menschen äußern ihre Wünsche, die sie genau definiert haben und schaffen es damit das zu erreichen, was sie sich wünschen. Diese Menschen haben Selbstvertrauen, da sie ihre Ziele kennen und da sie Selbstvertrauen haben, erreichen sie ihre Ziele auch immer. Es klingt simpel und im Prinzip ist es das auch so...

Wenn Du Dir Gedanken zu Deinen Wünschen und Zielen machst, ist es wichtig, diese in ihrer Art, Zeitdauer und Erfolgswahrscheinlichkeit zu unterscheiden. Diese Unterscheidung erlaubt Dir, Deine Vorhaben in einer geordneten und logischen Reihenfolge „abzuarbeiten" und nicht den Überblick zu verlieren.

Eine grobe und zugleich leichte Unterscheidung Deiner Ziele, die du vorab treffen kannst, ist diese in „wahrscheinlich" oder „unwahrscheinlich" zu unterscheiden. Dann kannst Du Dich primär auf die möglichen und erreichbaren Ziele konzentrieren und die anderen erst einmal außen vor lassen.

Zudem ist eine Unterscheidung in verschiedene Lebensbereiche sinnvoll. Berufliche und private Ziele unterscheiden sich häufig enorm und sollten dementsprechend als zwei unterschiedliche Gruppenkategorien betrachtet werden. Zuletzt lohnt es sich noch das Zeitfenster anzuschauen, in denen du deine Wünsche realisieren kannst oder willst.

Kurzfristige Ziele sollten priorisiert werden, während Du mit Blick auf deine langfristigen Ziele ein bisschen entspannen kannst. Doch es wäre falsch diese Ziele zu vergessen. Behalte sie immer auf Deinem „Radar" und äußere sie selbstbewusst, wenn Du die Möglichkeit dazu hast.

Wenn wir von unseren Wünschen reden, müssen wir uns eine entscheidende Frage stellen. Sind es wirklich unsere eigenen Ziele bzw. Träume oder nur jene, die uns andere Personen eingetrichtert haben? Um Deine Ziele wirklich selbstbewusst vortragen und verwirklichen zu können, musst Du überzeugt davon sein, wirklich das zu wollen, was du sagst. Daher musst Du Dir sicher sein, dass Du lediglich Deine eigenen Wünsche vertrittst. Häufig stehen

Menschen unter dem Druck ihrer Freunde oder Familie und vertreten nur dann die Ziele der anderen... Der Klassiker: Ein Sohn soll das Geschäft von seinem Vater übernehmen: Will das der Sohn wirklich oder sind es nur die Wünsche/Träume der Familie? Wer diese und nicht die eigenen Wünsche vertritt, wird niemals selbstbewusst für die eigenen Interessen eintreten können.

Um Deine Wünsche optimal verwirklichen zu können, ist es wichtig, dass Du handfeste und konkrete Aspekte in Angriff nimmst, anstatt abstrakte Ziele zu verfolgen. Umso abstrakter Dein Ziel, umso schwieriger wird die Umsetzung, was zu einem Nicht-Erreichen Deiner ganzen Vorhaben führen kann. Auch wenn es natürlich unser aller Ziel ist, glücklich zu werden, solltest Du anstatt „glücklich sein" Punkte wie „mehr Zeit mit Freunden verbringen" oder „endlich nach -XYZ-reisen" aufführen.

Kapitel 5

Übung 3:

Schreibe ein Erfolgstagebuch

Sich vergangene Erfolge vor Augen zu führen, ist ein toller Weg, um an Selbstbewusstsein zu gewinnen. Denn wer sich bereits Erreichtes bewusst macht, wird merken, dass es viele Gründe gibt, um voller Selbstvertrauen aufzutreten.

Um bei vielen verschiedenen Erfolgen aus den Bereichen des Berufs- und Privatlebens den Überblick zu bewahren, ist das Führen eines „Erfolgstagebuches" sinnvoll. In diesem Tagebuch kannst Du Erfolge aufführen, die Du in der Vergangenheit oder Gegenwart erreicht hast. Es eignet sich zudem wunderbar, um zu notieren, welches Deiner Ziele Du bereits erreicht hast.

Somit kannst Du Deine Ziele aus Übung 2 als Art „To-Do List" verstehen, deren Punkte Du in Deinem Erfolgstagebuch „abhakst".

Wie bereits angemerkt, sind auch vergangene Erfolge in deinem Erfolgstagebuch erwünscht, wenn sie Dir wichtig sind und Du Kraft und Selbstbewusstsein aus ihnen schöpfen kannst. Diese sind insofern positiv, als das Du Dich mit etwas zeitlichem Abstand auf das tolle Gefühl nach Deinem Erfolg zurückerinnern kannst. Dieses motivierende Gefühl wird Dir Selbstvertrauen schenken. Auch Erreichtes, das objektiv betrachtet unwichtig scheint, kann aufgeführt werden, wenn es Dir persönlich am Herzen liegt.

Wichtig ist auch, dass Du nicht nur Deine Erfolge auflistest, sondern noch dazu schreibst, warum Du beim Erreichen dieses Ziels erfolgreich warst. Diese Stichpunkte erlauben Dir zukünftig nachzuvollziehen, weswegen Du ein Ziel erreicht hast und wie Du diesen Erfolg wiederholen kannst. Möglicherweise lässt sich hieraus für Dich eine Art Erfolgsformel ableiten, die Dir erlaubt Parallelen zwischen Deinen Erfolgen zu erkennen.

Ich weiß, dass das Führen eines Erfolgstagebuches zu Beginn etwas merkwürdig scheinen mag. Allerdings würde ich es nicht vorschlagen, wenn ich nicht vom Potential dieser Übung überzeugt wäre ;)

Diese Übung stärkt Dein Selbstbewusstsein still und heimlich!

Kapitel 6
Übung 4:
Achte auf Deine Körperhaltung

Es gibt kaum ein Merkmal, das so viel über das eigene Selbstbewusstsein aussagt, wie die Körperhaltung. In Gesprächen analysieren wir unser Gegenüber in Bruchteilen von Sekunden und gewichten die Körperhaltung dabei besonders stark. Du wirst bereits oft selbst bemerkt haben, dass es einen wesentlich besseren Eindruck macht, wenn jemand mit aufrechter Haltung mit Dir redet, als wenn Dein Gegenüber keinen Wert auf eine gute Körperhaltung gibt und einfach nur da hängt, wie ein „schlaffer Sack".

Die Körperhaltung ist so wichtig, dass sie in vielen Coaching-Kursen für selbstbewusstes Auftreten und Überzeugungskunst als wichtigster Bestandteil des Kurses gelehrt wird. Dabei ist die Körperhaltung etwas, dass bei vielen Menschen mit der Zeit von selbst kommt. Selbstbewusste Menschen stehen meist ganz unbewusst mit erhobenem Körper dar, während Menschen, die an mangelndem

Selbstvertrauen leiden, oft in sich zusammengesackt wirken.

Gleichzeitig kann eine optimale Körperhaltung aber auch antrainiert werden, um Selbstvertrauen zu gewinnen. In diesem Kapitel werde ich Dir erklären, wie Du über eine Veränderung Deiner Körperhaltung selbstbewusster wirken kannst und somit automatisch an Selbstvertrauen dazugewinnst.

Am Wichtigsten ist natürlich eine aufrechte Haltung, die Deinen Gegenübern signalisiert, dass Du selbstbewusst bist. Mache Dir das regelmäßig im Alltag bewusst und überprüfe, ob Du dies auch wirklich umsetzt. Nutze auch Spiegel oder andere reflektierende Oberflächen, um Deine Haltung zu kontrollieren und gegebenenfalls auszubessern. Wenn Du Dir die Tipps regelmäßig vor Augen führst und Deine Haltung dementsprechend anpasst, wirst Du die Hinweise verinnerlichen und Deine Haltung bleibt automatisch gut.

Achte bereits kurz nach erster Umsetzung dieses Tipps auf eine veränderte Reaktion Deiner Gesprächspartner. Du wirst merken, dass Du mehr Respekt erhältst und Deine Vorschläge häufiger

Gehör finden. Desto länger Du auf Deine Haltung achtest und diese im Alltag „pflegst", umso größer wird der Effekt gegenüber Deiner Mitmenschen sein.

Wenn Du es geschafft hast, die Änderung Deiner Körperhaltung langfristig umzusetzen und Du eine wesentliche Veränderung merkst, kannst Du dies beispielsweise auch in Deinem Erfolgstagebuch notieren. Somit kannst Du Dir auf einem Blick auch in Zukunft selbst zeigen, welchen Effekt Veränderungen in Deinem Auftreten mit sich bringen können und wie Du diese Tatsache auch mit Blick auf andere Tipps nutzen kannst.

Kapitel 7

Übung 5:

Filme Dich selbst

Meine fünfte Übung ist die optimale Ergänzung zum vorherigen Tipp. Sie zeigt Dir allerdings noch weitere Eigenschaften Deines Auftretens auf, die Du entweder abschaffen, verändern oder intensivieren kannst. Sich selbst zu filmen mag komisch wirken, liefert aber ein optimales Werkzeug, um Dein eigenes Auftreten und Deine Wirkung auf Andere zu analysieren.

Um Dein eigenes Wirken am besten beobachten zu können, solltest Du Dich in zwei verschiedenen Situationen filmen. Beim ersten Szenario bereitest Du eine Rede vor, die Du im Anschluss vor laufender Kamera präsentierst. Ziel dieser Übung ist es, Dein Auftreten vor Publikum nachzustellen, um somit diese außergewöhnliche Situation zu analysieren und verbessern zu können. Das Reden vor einem Publikum zählt für viele Menschen, mit (oder auch ohne) mangelndem Selbstvertrauen, zu den schlimmsten Szenarien, die sie sich vorstellen können. Aus diesem Grund lohnt sich das Üben dieser Situation in jedem Fall.

Wende diese Übung zuhause in Ruhe an. Da stört dich niemand und Dir muss das Ganze nicht peinlich sein.

Für die zweite Übung benötigst Du die Hilfe eines Freundes, einer Freundin oder eines Familienmitglieds. Hierbei soll es nämlich darum gehen, Dein Redeverhalten in einer Konversation aufzuzeichnen, was natürlich nur mit einem Partner möglich ist.

Wie beim ersten Szenario analysierst Du im Anschluss Dein Verhalten. Zusätzlich kannst Du verschiedene Situationen nachstellen, indem Du einmal sitzt und einmal stehst. Dies wird Dir dabei helfen, treffend festzustellen, wann und wie Dein Auftreten noch nicht optimal ist.

Wenn Du das Video mit Freunden anschaust, können sie Dich zusätzlich auf Aspekte hinweisen, die ihnen an Deiner Rede- oder Auftrittstechnik negativ aufgefallen sind. Da du Dein Auftreten und Dein Selbstbewusstsein durch diese Übung wirklich extrem stark verbessern kannst, solltest Du das Feedback unbedingt annehmen und weder beleidigt sein noch traurig reagieren. Sei dankbar!

Die Übung wird Dir garantiert interessante Erkenntnisse über Deine Rede- und Auftrittstechnik geben und ist selbst bei Profis bewährt. So werden viele Politiker mit dieser Methode auf Auftritte bei Wahlkampfveranstaltungen und in Talkshows vorbereitet. Die Tipps, die von Profis geschätzt und angenommen werden, sollten daher auch unbedingt Bestandteil Deines Repertoires werden.

Nachdem Du feststellen konntest, was Du an Deinem Auftreten verbessern kannst, um selbstbewusster zu wirken, lohnt es sich, ein neues Video aufzunehmen und die Verbesserungsvorschläge direkt umzusetzen. Achte aber dabei darauf, dass Du einen mehrtägigen Abstand zwischen den erneuten Aufnahmen vergehen lässt, um sicherzugehen, dass sich die Veränderungen nicht lediglich kurzfristig eingeprägt haben.

Übung macht den Meister. Und Wiederholungen den Weltmeister!

Häufig sind es kleine Dinge, die beim Reden vor Publikum oder in Konversationen auffallen. Das Hin- und Herwippen oder eine komische Armhaltung sind dabei nur zwei Beispiele aus einer Fülle von möglichen Auffälligkeiten. Wer weiß, dass er seine Schwächen oder Auffälligkeiten kennt und über diese nicht weiter spekulieren muss, kann in jedem Fall souveräner und selbstbewusster auftreten.

Kapitel 8
Übung 6:
Komme mit Menschen ins Gespräch

Wie Du vermutlich selber regelmäßig feststellst, ist eine Folge von einem Mangel an Selbstbewusstsein besonders dadurch festzustellen, dass die Kontaktaufnahme zu anderen Menschen schwierig verläuft. Konkret bedeutet das, dass das Ansprechen von Fremden häufig große Schwierigkeiten bereitet.

Dabei kommt es täglich zu Situationen, in denen genau das wichtig wäre! Sei es in der U-Bahn, in der Kantine oder abends in einer Bar. Wer mit Fremden ins Gespräch kommen kann, findet schnell neue Freunde, knüpft interessante Kontakte und ist vermutlich auch im Liebesleben viel erfolgreicher.

Fehlendes Selbstvertrauen sorgt allerdings dafür, dass dieses Ansprechen für viele Menschen wie ein Albtraum ist. Die Übung, die ich Dir jetzt vorstelle, kann Dir dabei helfen, diese Angst zu überwinden und aufgrund erlangter Erfolge viel Selbstbewusstsein zu tanken.

Am besten geht man mit Ängsten um, indem man sich ihnen stellt. Das ist auch in diesem Szenario nicht anders. Wenn Du das nächste Mal in einer Situation bist, in der es sinnvoll wäre mit einer fremden Person zu sprechen, dann solltest Du deinen gesamten Mut zusammennehmen und es versuchen!

Sehe die Situation als Übung und spreche die Person offensiv an. Die Situation wird sicherlich neu und ungewohnt für Dich sein, aber sie wird sich lohnen, da derartige Szenarien in Zukunft sehr viel leichter für Dich werden.

Denke immer daran, dass Dir nichts Schlimmeres als eine Abfuhr widerfahren kann. Dein Gegenüber hat vielleicht keine Lust auf ein Gespräch, aber das ist nicht das Ende der Welt. Denke nur daran, dass das Gespräch auch nie zustande gekommen wäre, wenn Du gar nicht gefragt hättest.

Überlege Dir am besten bevor Du eine Begrüßung ansetzt, was Du sagen möchtest. Sobald Du nämlich den ersten Schritt machst, solltest Du bereits wissen, wie Du die Konversation aufbauen möchtest. Wenn dies nicht der Fall ist, gerätst Du schnell ins Stocken. Das fatale daran ist, dass Du dann von Anfang an nicht sonderlich sicher wirkst. Wenn Du Dir aber vorab Gedanken machst, wie Du nach dem Gesprächseinstieg fortfahren willst, wird das Gespräch erfolgreicher verlaufen.

Wenn Du die Übung als optimales Training für Gesprächsführungen ausnutzen willst, kannst Du auch versuchen, fremde Menschen anzusprechen, die einem gänzlich anderen sozialen Typen angehören, als Du. Trägst du arbeitsbedingt beispielsweise nur Anzug, kannst Du in der U-Bahn zum Beispiel auch mal alternativ-aussehende Personen ansprechen. So führst Du sicherlich sehr spannende Unterhaltungen und kannst gleichzeitig die Lebenswelt anderer Menschentypen kennenlernen.

Kapitel 9
Übung 7:
Stelle Dich Deinen Ängsten

Diese Übung hängt eng mit der Übung Nr. 6 zusammen. Ähnlich wie bei „Komme mit Menschen ins Gespräch" geht es hierbei darum, festzustellen, was Dir Angst macht und exakt dann diese Situationen durchzuspielen. Hast Du erst einmal gemerkt, dass Du Deine Ängste überwinden kannst und Situationen, die einst gefährlich wirkten, überwindbar sind, wirst Du in Zukunft selbstbewusster und furchtloser auftreten können.

Neben dem Ansprechen von fremden Personen, das ich bereits in Übung 6 angesprochen habe, hast Du sicherlich viele weitere Ängste, die Du bewältigen kannst. Gehe in Dich und überlege was Dir schwer fällt und welche Aktivitäten Du noch nie gemacht hast, weil Du Angst hattest. Natürlich gibt es dabei die „großen" Vorhaben, wie beispielsweise ein Bungeejump oder durch Europa zu trampen. Du solltest allerdings nicht den Fehler machen, kleine Ängste außen vor zu lassen. Alles was Dir bisher schwer gefallen ist, lohnt sich bei dieser Übung.

Hast Du bestimmte Vorhaben gewagt und erfolgreich absolviert, kannst Du diese in Deinem Erfolgstagebuch notieren. Es gibt kaum ein stärkenderes Gefühl, als zu wissen, dass Du auch große Ängste bewältigen kannst. Mit diesem Wissen im Kopf wirst Du viel Selbstvertrauen gewinnen können und Herausforderungen und schwierige Phasen in der Zukunft besser meistern können.

Besonders viel Spaß macht die Übung, wenn Du Dich mit Freunden oder Familienmitgliedern zusammentust, von denen Du weißt, dass sie ähnliche Ängste haben. Deine Schwester hat ebenfalls eine Schlangenphobie? Gut! Dann geht in eine Zoohandlung und schaut euch zusammen Schlangen an, um die Angst zu überwinden! Du fühlst Dich in großen Menschenmengen unwohl? Stelle Dich für solange wie es geht, in den Fanblock bei einem Fußballclub in Deiner Nähe!

Sich den eigenen Ängsten zu stellen, ist selbstverständlich viel schwieriger, als ich es eben gesagt habe. Das wissen wir alle… Doch das

Erfolgsgefühl, das man danach erhält, stärkt das Selbstbewusstsein und erlaubt in Zukunft immer größere Erfolge zu verbuchen. Wie beim Ansprechen von Fremden wirst Du im Anschluss merken: „So schlimm war das ja gar nicht!"

Kapitel 10
Übung 8:
Organisiere etwas

Verantwortung zu übernehmen fällt vielen Menschen schwer. Insbesondere Menschen, die nur über wenig Selbstbewusstsein verfügen, haben oft Angst bei der Organisation einer Veranstaltung oder eines Projekts zu versagen. Dabei kann es eine hilfreiche, spannende und erfolgreiche Erfahrung sein, etwas selbstständig (oder im Team) zu organisieren. Dies ist beispielsweise auf der Arbeit möglich, wo es eine Weihnachtsfeier oder einen Betriebsausflug zu organisieren gilt oder im örtlichen Verein, in dem man sich ein spannendes Rahmenprogramm bei der Mitgliederversammlung erhofft.

Wie so oft im Leben, ist der erste Schritt häufig der, der am meisten Überwindung kostet: sich vor der Gruppe bereit zu erklären, die Organisation zu übernehmen. Der eigentliche Organisationsteil ist vom Schwierigkeitsgrad her natürlich immer unterschiedlich. Solltest Du Dich in einer bestimmten Situation allerdings überfordert fühlen, solltest Du keine Scheu haben, Dir Hilfe zu holen.

Wer sich Unterstützung von erfahreneren Kollegen oder Bekannten holt, erleidet nämlich dadurch keine „Niederlage", sondern zeigt, dass er die Situation richtig einstuft und sich Unterstützung holt, um eine erfolgreiche Organisation zu ermöglichen. Das zeigt wahre Stärke!

Natürlich sollte das Hilfeholen nicht dazu verwendet werden, die Arbeit auf jemanden anders abzuschieben. Zur Unterstützung der eigenen Arbeit und Bemühungen ist es aber definitiv erlaubt und richtig, sich die Hilfe von anderen zu holen.

Scheue Dich während der Planung auch nicht davor, unorthodoxe Wege zu gehen und neue, kreative Sachen zu versuchen. So kannst Du sicherstellen, dass Du etwas Einzigartiges probierst, was Dich als selbstbewusste und offene Person dastehen lässt.

Natürlich erhofft man sich, dass man ein Projekt oder eine Veranstaltung erfolgreich plant, viele Menschen davon profitieren und alles gut läuft. Wenn alles klappt, kannst Du Dir nämlich sicher sein, viele Komplimente zu erhalten, Dich mit Leuten zu unterhalten und langfristig besser über ein höheres Ansehen zu verfügen. Wenn alle Kollegen beispielsweise von der tollsten Weihnachtsfeier der Firmengeschichte schwärmen, wirst Du im Büro schnell neue Leute kennenlernen können. Dieses Erfolgserlebnis wird Dir einen tollen Selbstvertrauens-Push bescheren.

Wenn das Endergebnis nicht so gut ist, wie erwartet, ist das allerdings auch bei weitem kein Versagen oder eine Zeitverschwendung Deinerseits. Bei der Planung eines Projektes oder einer Veranstaltung lernst Du viel über Organisation und Dich selbst. Selbst aus einem Misserfolg kannst Du also wichtige und nützliche Erfahrungen ziehen.

Erfahrung ist die Summe aller Fehler!

Ob Geburtstagsfeiern, Ausflüge, Klassentreffen oder Wohnungsfeste. Es gibt unzählige Möglichkeiten selber die Initiative zu ergreifen, um etwas zu organisieren. Häufig musst Du nicht einmal darauf warten, dass nach jemanden gesucht wird, um etwas zu planen. Du kannst auch eine neue Veranstaltung ins Leben rufen und diese selbst planen. Der wichtigste Punkt ist aber immer gleich. Egal ob traditionell oder modern, bewährt oder neu, ruhig oder wild: Frage Deine Bekannten, Freunde oder Kollegen im Anschluss immer nach Feedback und nutze dieses, um Dich immer weiter zu verbessern.

Diese Übung lässt ganz schnell aus Dir eine selbstbewusste und vor allem geschätzte Person werden, die einen wesentlichen Beitrag für die Gemeinschaft leistet und dafür gefeiert wird. Zudem lernst Du bei der Übung einmal etwas komplett durchzuziehen. Selbst wenn Du Schwierigkeiten hast, musst Du das Projekt beenden, um danach das Erfolgsgefühl genießen zu können.

Bei ähnlichen Aktivitäten in der Zukunft kannst Du Dich immer daran erinnern, was Du bereits einmal erreicht hast und kannst sehr selbstbewusst an neue Herausforderungen herantreten.

Kapitel 11
Übung 9:
Lerne „Nein" zu sagen

Eine Eigenschaft die häufig bei Personen mit mangelnden Selbstbewusstsein festgestellt werden, ist das ständige „Ja" sagen. Egal wer sie nach einem Gefallen fragt, egal wie nervig die gewünschte Aufgabe ist: Diese Menschen sagen immer JA! Sie haben nicht das Selbstvertrauen, um stark zu bleiben und eine Bitte auch einmal abzulehnen.

Natürlich ist es prinzipiell nicht verkehrt Leuten zu helfen und auf Anfrage auszuhelfen. Hat eine Person aber erkannt, dass Du nicht selbstbewusst bist, kann es schnell zu dem Punkt kommen, an dem Deine Hilfsbereitschaft ausgenutzt wird. Denn auch „Nein-Sagen" muss gelernt sein.

Wenn Du Dich mit dem beschriebenen Szenario identifizieren kannst, ist es höchste Zeit, Bitten abzulehnen und nur noch dann auszuhelfen, wenn Du wirklich die Zeit, Kraft und vor allem Lust dafür hast. Natürlich wird das zu Beginn eine überraschte

Reaktion derer hervorrufen, die ansonsten auf Deine Unterstützung zählen oder Dich sogar bereits für gewisse Dinge ausnutzen. Wenn Du allerdings beginnst, höflich und zugleich bestimmt abzulehnen, werden sie erkennen, dass Du selbstbewusster geworden bist und man Dich nicht mehr ausnutzen kann.

Um nicht unhöflich zu wirken, ist es von Vorteil Deine Entscheidung zu erklären. Beispielsweise, weil Du gerade keine Zeit hast, Dich auch einmal entspannen musst oder schlichtweg nicht den gesamten Job einer Person übernehmen möchtest. Das kannst Du so offen und höflich aussprechen. Auch Personen bei denen Du normalerweise kuschst, müssen erfahren, dass Du gelernt hast „Nein" zu sagen und bei Deiner Entscheidung zu bleiben. Du brauchst auch keine Angst vor Ablehnung zu haben. Wenn diese Personen Dich von nun an meiden, weil Du ihnen einmal Unterstützung verweigert hast; Wie wertvoll waren dann diese Personen für Dich?

Kapitel 12
Übung 10:
Reise alleine

Eigentlich ist diese Übung eine Bündelung vieler vorheriger Tipps, da sie unfassbar viele Aspekte beinhaltet, mit denen Du Selbstvertrauen aufbauen kannst. Wenn Du nämlich alleine reist, bist Du sehr schnell gezwungen mit Menschen in Kontakt zu kommen und Dich anders zu verhalten als zuhause in Deinem gewohnten Umfeld.

Das klassische „diese Menschen sehe ich sowieso nie wieder", das häufig bei jungen Fußballmannschaften oder Klassenfahrten als beliebtes Motto gilt, kannst Du ebenfalls gewinnbringend einsetzen. Auf Reisen kannst Du ein neuer Mensch sein und Dinge vor Leuten ausprobieren, denen Du im Anschluss nicht andauernd über den Weg laufen musst.

Ob das jetzt einen neuen Kleidungsstil betrifft, den Du zuhause nicht ausprobieren möchtest oder Du selbstbewusst Leute ansprechen möchtest, ist egal.

Wichtig ist nur, dass Du neue Erfahrungen machst, die letztendlich Dein Selbstvertrauen weiter ausbauen.

Wie weit Du reist ist letztendlich egal! Es geht lediglich darum, die eigene Komfortzone zu verlassen und etwas Neues auszuprobieren. Neue Leute kennenzulernen ist beim Reisen „alleine" definitiv kein Widerspruch. Solange Du auf der Reise Leute kennenlernst, statt mit einer Freundin oder einem Freund das Reisen zu beginnen, hat die Übung maximale Wirkung. Wenn Du in Hostels anstatt Hotels übernachtest, kannst Du sichergehen, dass Du sofort viele neue Menschen kennenlernst, solange Du ihnen offen begegnest.

Auch wenn Dich die Idee des alleinigen Reisens nicht begeistert, kannst Du Kraft aus den Geschichten anderer Personen ziehen, die bereits alleine gereist sind. Viele Menschen, die aufgrund einer Trennung oder eines Unfalls alleine reisen müssen, haben anders als erwartet, eine tolle Zeit. Das liegt insbesondere daran, dass man sich voll und ganz auf die eigenen Interessen fokussieren kann, wenn man alleine reist.

Wenn Du jemanden kennenlernst, mit dem Du weiterreisen möchtest, ist das natürlich erlaubt. Denn eine Freundschaft mit einer neuen Person zu schließen ist, besonders wenn Du nicht viel Selbstvertrauen hast, ja auch schon ein Erfolg.

Kapitel 13

Übung 11:

Schaue von anderen Personen ab

Du kennst bestimmt Leute, die absolut selbstbewusst auftreten und in puncto Selbstvertrauen als Vorbild für Dich gelten können. Der folgende Tipp ist extrem einfach, aber sehr effektiv. Schaue bei diesen Leuten einfach ab! Was machen diese Leute anders als Du? Welche Eigenschaften stechen sofort heraus? Und wie präsentieren sich diese Menschen vor Gruppen?

Es mag anfänglich schwer sein, um konkrete Punkte herauszusuchen, aber es wird sich für Dich lohnen. Wenn Du Dich allerdings mit der Frage beschäftigst, was genau an dem Verhalten Deiner Gegenüber souverän und selbstbewusst wirkt, wirst Du Antworten finden.

Ob es ihre Haltung, ihre Sprache oder ihre allgemeine Ausstrahlung ist, musst Du selber erkennen und dich bei Bedarf danach orientieren. Eine weitere Möglichkeit, bei der Du direkt mit

Profis zusammenarbeiten kannst, sind Seminare und Trainingseinheiten, bei denen explizit das Selbstbewusstsein gestärkt wird. Von mehreren Stunden, bis hin zu einer ganzen Woche, gibt es unterschiedliche Coaching-Kurse.

Diese Kurse dienen besonders der Intensivierung der erwähnten Tipps. Speziell geschulte Trainer können an Deinen individuellen Schwierigkeiten arbeiten und Dich somit gezielt zu einer selbstbewussteren Person machen.

Meine Empfehlung
für Deinen Erfolg:

Klicke hierfür kostenlos auf den nachfolgenden Link

https://goo.gl/zwbX4u

Haftungsausschluss

Der Inhalt dieses Buches wurde mit großer Sorgfalt geprüft und erstellt. Der Autor übernimmt keinerlei Gewähr für die Aktualität, Korrektheit, Vollständigkeit oder Qualität der bereitgestellten Informationen und weiteren Informationen.

Es wird keine juristische Verantwortung oder Haftung für Schäden übernommen, die durch kontraproduktive Ausübung oder durch Fehler des Lesers entstehen. Es kann auch keine Garantie für Erfolg übernommen werden. Der Inhalt sollte nicht mit medizinischer Hilfe verwechselt werden. Der Autor übernimmt daher keine Verantwortung für das Nicht-Erreichen der im Buch beschriebenen Ziele.

Dieses Buch enthält Links zu anderen Webseiten. Auf den Inhalt dieser Webseiten haben wir keinen Einfluss. Deshalb kann auf den dortigen Inhalt auch keinerlei Gewähr übernommen werden. Die verlinkten Seiten wurden zum Zeitpunkt der Verlinkung auf mögliche Rechtsverstöße überprüft.

Rechtswidrige Inhalte konnten zum Zeitpunkt der Verlinkung nicht festgestellt werden. Für die Inhalte der verlinkten Seiten ist ausschließlich der jeweilige Anbieter oder Betreiber der Seiten verantwortlich.

Das **Copyright** für veröffentlichte, vom Autor selbst erstellte Bilder, Grafiken, Tondokumente, Videosequenzen und Texte bleibt **allein beim Autor** des Buches.

Eine Vervielfältigung oder Verwendung der Bilder, Grafiken, Tondokumente, Videosequenzen und Texte in anderen elektronischen oder gedruckten Publikationen ist ohne ausdrückliche Zustimmung des Autors nicht gestattet.

Der Autor behält es sich ausdrücklich vor, Teile der Seiten oder das gesamte Angebot ohne gesonderte Ankündigung zu verändern, zu ergänzen, zu löschen oder die Veröffentlichung zeitweise oder endgültig einzustellen.

Impressum

Veröffentlicht durch

Marco Reuter

Vinnhorster Weg 81

30419 Hannover

E-Mail: reuter@rema-vermoegensaufbau.de

ISBN-13: 978-1545444078

ISBN-10: 1545444072